시인 류재만

나루

류재만 장편 해양시집

시와사람

국립중앙도서관 출판시도서목록(CIP)

나루 : 류재만 장편 해양시집 / 지은이: 류재만. -- 광주
: 시와사람, 2013
p. ; cm. -- (시와사람 서정시선 ; 033)

ISBN 978-89-5665-382-2 03810 : ₩10000

한국 현대시[韓國 現代詩]

811.7-KDC5
895.715-DDC21 CIP2013016412

나루

평생 바다와 아주 가까운 데서 살아왔지만 한 20여 년간은 바다로 살았다고 남에게 말하기에는 부끄럽지만 속으로는 그래도 되겠지 생각해 왔다.

20여 년 동안 바다가 보는 바다를 보려했다. 바다의 실체가 무언지, 바다 스스로의 생존 방식과 구조는 어떠하며 바다 생물들의 살이를 살펴 황폐화된 바다의 현재를 직시하고 변화의 가능성을 함께 고민했으면 하고 주저리 주저리 뱉어 놓았다.

사람의 바다도 생각해 보았다. 사람의 시각, 관점에서의 바다에서 사람과 바다의 본질적 관계를 살피는 것으로 겉으로 드러난 바다, 들어가야 보이는 바다 속, 들리는 파도 소리, 들리지 않는 바다의 전언, 느낌으로서의 바다, 현실로서의 바다, 정복 대상의 바다, 공생의 바다, 현실과 허구 간의 관계를 살펴 작으나마 성찰이 있었으면 간절히 바라마지 않았다.

구체적 경계의 바다이기를 바랐으나 노력은 했다. 화학적 변화가 가능한 접점으로서의 경계와, 경계와 사유의

충돌로 인해 무화 또는 무경계화 되는 과정을 살피기도 했다. 바다와 육지의 경계, 해저와 수면, 수면과 공간의 경계, 생물과 무생물과 미생물의 경계, 항해와 귀항의 과정의 경계, 연안과 원양의 경계, 특히 사람과의 관계에서의 무수한 경계를 살핀다면 다양성과 가능성은 구체적으로 다가올 것이라 여기기도 했다.

바다를 살핀다는 것은 바다만을 보는 것이 되어서는 극히 제한적일 수 있다. 바다와 관계된 삶을 살펴야 올바른 관계 정립과 편협 된 주장에서 벗어날 수 있겠다. 이는 해양성과 문학성 간의 관계에 대한 이해이기도 하다. 해양 체험과 더불어 해양과 사람으로 인해 생겨날 수밖에 없는 총체적 삶을 인식해야만 새로운 경계를 설정할 수 있을 것이다.

이제 새로운 길 떠남으로 정리하고자 한다.

2013년 9월 류재만

차례

나루

1

해연풍이 해무로 인해
해무가 해연풍에 얹힌 까닭에
서로의 모양을 드러내고 말았다

슬금슬금 기어오르면
모르게 슬쩍 부딪치며 문지르며
안길 수도 있고
늘 서늘한 까닭에
둔덕이
거의 모르는 데야
참 짜릿한 도둑질의 즐거움이라니
데워진 다음이야 오히려 손가락 사이 땀내면
아니 발가락 내면 또 어때

뿌옇게 시야를 가릴 뿐이지
아무리 짙어도

둔덕을 넘자마자 사라지는 해무야 말로
해연풍 발가락 냄새만도 못하니
모양에 대해서도
등대 방귀 소리 정도로 고작 알려졌는데

늘 하던 대로
파래 숨소리에 얹혔다가
쇠미역 구멍 사이를 드나들며
미역귀의 소식을 전하는 우체부
등 뒤에 붙어 오르려는데
해연풍 어깨에 해무가 매달린 걸
하얗게 모른 덕분에
벌건 대낮에 별짓거리가
모양이 되고 만 거다

그러고 말 것이지
떨어뜨리려고 흔들어 댔더니
사방에 방울방울

입술에도 흘러드는 짭조름한 맛이라니
해송 말고는 간이 배어 시들겠다
몸을 빼고
한달음에 저만치 바라보니
등댓불 비치는 둔덕에
몸 없는 몸을 의탁키는 하였으나
데워지며 사라지는 해무의 숨줄이다

2

내팽개친 모양하고
끈질기게 달라붙은 꼴하고 둘이 나뉘었다
홀가분하니 금방 잠들었고
지친 몸은 기대어 쉬었다 가야 한다

갯냄새가 나는데 누구신가?
누구세요?
나야 여기 살지
여기가 어딘 데요?
초록이라는 봉인데 들어봤나?
봉 이름이 초록도 있나요 저 아래 한나루에 살아요
한나루 대진 말인가 보네 그래 어쩐 일인고?
해무랑 놀다가 여기까지 왔어요
멀리까지도 왔네 돌아갈 수 있겠나
얼마나 멀리 왔는데요? 돌아갈 수는 있어요?
울지 말아요 짠내 나요

초록이면 동색인데 도와주세요
걱정말아요 내 아이들이 분가해서 나루에 사니까 걱정말
아요
자제분들이 나루에 산다고요?
그래서 이름이 퍼런 초록이지요
나중에 말씀하시고 도와주세요

가는 길이 아주 여러 갈래야
해무와 나뉘었으니 해연풍아
돌아갈 수는 있겠으나
맺혔던 눈망울이 없어졌으니
맺힌 길눈의 기억도 지워졌을지 모르겠군요
갈래길 하나하나 꼼꼼히 일러 줄 테니
골라서 가시는데
가까이만 가면 다시 제 모양을 찾을 수 있으니
걱정 마세요 다만
여기 냄새가 많이 배어있으면
지 새낀 줄 모르고 쫓아내거나

다른 족속으로 알고 먹힐지도 모르고
잡혀갈 수도 있어요
갈 길은 그대가 정하도록 하세요
누가 잡아가요?
몰라요 잡아가서는 보내지 않는다고 그러던데
그래요 귀신이 잡아가요
한나루서 왔다면서 모르나 보네
한 나루 옆 개테미불 앞바다에 숨어있는
노고바위 얘기 못 들어봤나 보네
물속에 있는 며느리 바위를 못 봤나 보구나
해신이 잡아가다 놓아준 거라더라
길이나 가르쳐 주세요 무서워 죽겠어요
반말로 겁을 주는 건 또 뭐래요?

3

왼 엷구리 골로 내려가면
한 항렬이 낮음에도 늘 째려보는 형제봉이 나온다
형제봉 엄지골에서 발원한 도직천은
물길이 아니라
마을 가운데를 마음대로 내질러 지나간 신작로가
곧바를 뿐인데
나루도 도직이라 부르지
검지골로 가면 석두천이 나오는데
석두나루나
중지골 끄트머리 기곡나루는
나루 축에 들지 않아서
찾기가 쉽지 않을 거야
약지골로 내려가면
다른 골 보다는 두어 뼘 깊어
스스로 꼭두쇠 노릇을 하는 마상천이
새봉에 망상

노봉에 또 하나 두 나루를 거느렸지
맏이의 막내가 사는 소지골을 지나
샘물 맑은 얼레골 아래 개테미불
바로 옆 동네가 한나루이지

안녕히 계세요
바로 알려주지 이제야 한나룹니까?
심심하니까 붙들어 둔 거 아니래요?
물 내도 핑계고 누가 잡아간단 말이래요?

아니 조금 있어봐요
길을 다 일러준 다음에
나루마다 모양을 그려 보일 테니
그런 다음에 길을 정하는 게 어떻겠냐?
기왕 먼 데까지 나왔으니
이 곳 저 곳 좀 알아두는 것도 좋지 않겠냐?
안쓰러워서 좀 더 있는 줄 아세요
그래 그래

가랑이 길 첫 번째 발가락 사이 길로 가면
단물나는 단병골을 거쳐
새치 먹고 드센 사람들과
어리한 사람들이 함께 사는 어달 나루가 나오고
두 번째 발가락 도째비 골로 가면
까막바우 나루에 문어대가리가 기다리고 있지
세 번째 발가락 사이 길은 좀 복잡하다
산지골 논골 게구석 꺼먼 물이
묵호진으로 몰려 들어가긴 하는데
요즈음은 부르긴 해도 나루가 아니야
네 번째 발가락 사이로는
발한천을 따라 발한 나루가 묵호진에 기대어 있고
그 옆에 이름만 남은 향로봉 아래
동호천 하구에 묵호진에 또 기대어 사는
향로 나루가 발한 나루에 조금 행세를 하고 있지

오른 쪽 옆구리 엄지골은 승지천 하류에는

승지랑 늘 대립하고 있는 도끼 족이라고 놀림 받는
부곡 나루가 있고
검지골은 평릉천이 상평 하평으로 나누어서
아래로 본다 해서 이름을 바꾼 해평이 있지
해평에서 고불개를 넘어 가세 하여
가세 나루가 가운데서 밀려나 있고
섬이 없는 곳이다 보니
밋밋한 해안선에서
한 뼘 삐죽이 튀어 나온 그게 귀하여
섬으로 이름 붙여진 한섬은
땅속으로만 흐르는 냉천이 흘러들어
한섬이라고도 하지
나의 옆구리에서 태어나지 않은 유일한 놈이
감추인데
스스로 속이 깊어서
배 대기가 여간 좋지 않다 그러지 아마
중지골 뫼밑골과 숫골에는 여러 군데 샘이 솟아서
조금만 고민했어도 당연한 것을

작명가에게 웃돈 주고 용정이란 이름을 얻어냈고
약지골 송정은
후리질을 할 때에는
모래불을 상중하로 나누기도 했고
불이 맨땅 보다 여물어서
꾹꾹 밟아서 만든 비행장도 있었지

그만 갈래요
니 혼자 갈 수 있겠냐?
올라 올 때는 해무를 떼어버릴 힘이나 있었지만
지금은 누가 밀어주지 않으면 꼼짝도 못할 걸
붙들어 둘 작정이래요
아니 내가 데려다 줄 테니 조금만 있다 가거라
그래도 바람인데 얼마나 걸음 잰 건 나도 안다
해연풍아 집 나온 지 얼마 되지 않았지만
이미 엄청 변했을 거다
흔적이나 남아 있을지 모르겠다
기억해줄 바람도 어디론가 가버렸을 걸

살던 대로 살기도 어려울 걸
살아가긴 하겠지만
어떻게 살아갈지 갈피 잡기 어려울 걸
누군가가 기억해 두었다가
쓸모가 있건 없건 이어는 줘야 되는 거야
등을 밀어 주든가
업어다 주든지 약속하세요
약속을 지킬지 어길지
좀 들어는 봐라

4

도직 앞바다에 사는 말조개가 말이다
어려서는 속살을 삐죽이 내밀지 않았더란 말이다
언제부턴가 시도 때도 없이 불끈불끈 튀어나오고
가렵고 근질거려서 참을 수가 없더란 말이야
어떻게 할 수 있어야지
모래에다 비빈 거지 뭐
비벼대다 보니 상처가 났더란 말이야
상처 난 살점이 그냥 가만히 있겠나
화가 나니까 가랑이 사이로 슬그머니 흘려보냈단 말이야
창피해 죽겠지?
약을 올렸더니
약이 올라서 더 지랄을 하는 거야
이래 가지고는 서로 힘들어질 게 뻔히 보이더란 말이야
한 몸이 서로라고 할 수 있겠냐고 할지 모르겠다만
말랑말랑한 속하고 멋대가리 없는 껍질로 보면
나눌 수도 있잖아

어쨌든 살점이 다독였지 뭐
옆 동네 조산바위에 가면
속살이 빠알간 홍합이 많다더라
한번 가볼래?
지가 안 갈 수 있나
내가 가면 가는 거지 뭐
엄청나게 많거든
혀를 슬쩍 내밀더란 말이야
그런데 도무지 시커먼 피부가 마음에 들지 않더란 말이
야
혀를 깨물며 모래를 씹어대더니
흥미를 잃더란 말이야
먹고 싸고 자고 깨면 또 그러고
속살 이쁜 걸 못 보아서 그러니
한번만 더 가보자
미치지 않고서야 누가 속살을 보이겠어
덩치가 부끄럽지 않냐 묻는 거야
덩치를 앞세우고 밀어부치니까

자기 꼬라지를 모른다며
조잘대던 조금 벌린 입마저도 닫아버리는 거지
그런데 아주 놀라서 쩍 입을 벌린 채
넋이 놓인 듯한 홍합 하나를 본 거야
속살을 본 거야
너무 이뻐서 더 놀라버린 거야
벌어진 입을 다물지도 못하고
돌아와서는 사는 게 아니야
산 게 아니야 되풀이 하는 거지
다시 갈 수밖에
가서는 마냥 보고만 있는 거지
속살을 보였던 게 참 신경질 났었는데
와서는 자기만 본단 말이야
속살은커녕 눈길도 주지 않았지
먹는 것도 잊고 가서는 그러는 거야
보기 싫으니까 숨어버렸어
어디로 갔을까 그 많은 사이를 헤집고 다녔지
소문나겠다 싶었던지

야 덩치 딱 한 번이야

도직은 길이 곧아
신작로도 곧지만
기찻길은 더 곧고 곧은길이 다른 데보다 더 길지
기찻길은 먼지도 나지 않고
철로 변 소나무 사이로 보이니까
멀찍이 떨어져서 가는 거야
알았지 알았지

정신을 놓지 마
그런 사고가 있었대
손잡고 가다가 기차가 기적을 울려도
들리지 않아
받쳐 죽었다는 사고가 있었대
기관사가 기적을 얼마나 높이 울려댔겠어
정신을 놓지 마

희죽거리며 따라오는 꼴이란 게
뒤태만 보지 말고
저만치 앞서 가봐
모가지는 왜 돌려
그러나 침묵에 걸려 넘어지겠다
그럴 줄 알았어
그래도 희죽거리나
우스워서 같이 웃어주는 거야
손 내밀어 봐
손을 잡았고
땀이 참 따뜻하다
서로 시선으로 전달하다
속살이 고우니 문득 부끄러워서
한다는 말도
땀이 부끄러워하잖아
자리를 바꿔
그러면 잡았던 손의 땀도 식을 거 아니야
땀이 부끄러워하기 전에

자꾸 바꾸는 거야
희죽거리다가 히히힝 말울음이라니
히히힝 히히힝
말 웃음이 아니었어
기적소리 기적소리
어쩌면 다문화 가족이 그때 생길 수도 있었는데

고속도로 공사가 시작되면서
마을을 통째로 산중턱으로 옮겨버렸어
그때는 함부로 대들다간 큰일이 났지
찍 소리 못하고
그 무거운 그물을 지고
오르내리며 오르내리며
쉽게 살 수 없을까
다른 나루도 이럴까
그러던 중
말조개랑 홍합이 사랑하는 걸 보았단다

홍합이 흔하디흔하고
잘아서 값도 없었지만
말조개 그 큰 덩치는 희망이었다지
한 길 물속에는 없었다
두 길 물속을 뒤져도 보이지 않았단다
어쩌다 한두 마리였겠지
흔했다면 어른들이 가르쳐 줬겠지
말조개가 다시 보이 거였어
메구리가 가끔 건져오는 거였어
물어보면 별로 없어
열 길도 더 되는 데 사는가 봐
맛이나 봐
말대가리가 길기도 하지
구워도 좋고 삶아 먹으니 또 한 맛이 나고
회도 되네
초장에 찍으니 더 여물고
참기름에 소금에 찍으니 더 고시네
많았으면 좋겠네 참 좋겠네

그러면서 욕심을 버리려는데
욕심보다 요게 마지막 희망인데
어디 없을까
메구리 형님 한번 같이 좀 찾아봅시다

한두 마리 보이긴 하는데
좀 샅샅이 뒤져 봐요
숨넘어가겠다
몸뚱이가 쪼그려 들더라
얼마나 깊은 데 있는지
숨구멍이 보이긴 한데
어지간히 모래를 걷었는데도 없어
그게 말조개 숨구멍은 맞소
모르지 다른 걸 거야
속는 셈 치고 뒤져는 보고 그만 둡시다
그러면 괭이를 하나 구해와
있습디까?
망태기를 봐라

어이구 이렇게도 많이
몽땅 말조개 숨구멍이야
깊이 숨어서 파내기가 어렵지
말도 못해 얼마나 많은지
방법을 찾아봅시다
긴 창으로 숨구멍을 찌르면 어떨까요?
껍질이 억세서 안돼
쇠스랑으로 긁어봅시다
물질이 그리 쉬운 줄 아나
움직이기도 어려워
소방호수 같은 건 어떻겠소
물총 같은 건데

자네가 소문냈나?
물총 강도들이야
어지간해야지 바닥을 모조리 뒤집고 있어
양이 많으니 서로 나눠야지요

기차에 치여 둘 다 죽었다고도 하고
기차가 멈춰 주어 살긴 살았는데
기관사가 혼을 내는 바람에
홍합이 헤어지자 했다고도 하고
그래서 병이 나서 어떻게 됐다고도 하고
어른들이 반대를 했다지 아마

기차와 부딪쳐 이빨만 깨지고
무사히 살아난 말조개가
물속에서 물총을 맞고
씨도 남기지 못하게 된 후로는
아직도 겉모양은 그대로인 덕분에
러브호텔에 빌붙어
불가사리나 구제비나 뜯어먹고들 있다지

5

망우리봉이 한 반쯤 깎여 낮아졌다지 아마
그럼 산신령도 다른 데로 갔겠네
가볼래?
어딜 간단 말이야?
연해불까지 가보자
연해불엔 왜?
기곡에서 도직 사이 연해불이
망우리봉 아래 첫 동네잖아
언제 가 봤나 보네
작년에 갔다가들 와서 하는 얘기를 들었어
갔다가 돌아오지 못했다고들 하던데
작년엔 그럴만한 이유가 있었어
언제 우리가 망우리봉 그림자 가까이 가본 적이 있었나
언제부터 우리가 반말하는 사이가 됐지?

산신령은 밤눈도 올빼미 보다 밝아서

달빛에 잠깐 비늘을 보인 고 짧은 순간을 눈치 채고
허연 광목 깃발을 흔들며
한 마리도 남김없이 후려갈기라던
산신령 같던 망지기가 무서워서 말이야

해무가 달빛을 가린 날
살금살금 숨을 죽이고 눈으로 확인하러 갔지
지느러미도 묶어두고 다가갔는데
늘 느껴오던 낌새가 아님은 물론이고
어두운 밤일수록 더 음침했던
망우리봉 그늘에 망지기가 그늘 속에 숨긴
어둠의 그림자가 보이지 않았어
일렁이는 모래 더러 물어볼까 하다
모르면 무서운 게 없다지 그럴까봐
슬쩍 꼬리를 슬쩍 흔들어 보였는데도
도무지 기척이 없는 거지
기곡천 민물을 따라 올라가 보고 싶었어
진짜로 석두천을 따라 올라가기도 했어

민물 맛을 몰라서 돌아오지 못했지만 말이야
그때 달빛이 해무 사이로 잠깐 비집고 들어와
편한 자리를 잡으려는데
이미 자리를 차지한
해무에 가린 우리 멸치 떼를 비집고 들어올 순 없잖아
맥없이 해연풍 어깨에 매달린
몇 방울 해무와 함께 휙 지나가버렸어
그때 보았어 다들 보았어
허리 위 상체 없는 그림자 말이지
망우리봉은 이미 허리 위로는 깎여 나갔더란 말이야

그날은 어둡고 해서 거기까지 확인하고 돌아왔어
날이 밝을 때까지 기다리기엔
너무나 무섭고 큰 사건이어서 말이야
놀라운 건 우리 요 작은 대가리에
고렇게 궁금증이 가득 들어차 있는지
정말 몰랐어

요게 참 문제였다는 걸 깨달았다는 게
스스로 대단하다 느꼈대
누가 알면 우릴 무척 두려워하게 될 거야
대가리에 뭔가 들어있다고 생각이나 했겠어
하여튼 내일 날이 밝으면
다들 허리 꺾인 망우리봉을 보러오자고
무언중에 약속을 하고 돌아와서는
아무도 잠들지 못했대

새벽이 되자 해무가 먼저 걷혔고
해보다 먼저 세수를 하면 날이 밝더란 거지
어젯밤 같이 못 간 친구들도
저만치 뒤따라오고
성미 급한 친구들은 앞서 나아가는데
쫓겨만 다니던 비겁함을 한꺼번에 만회하려는 듯
용감한 용사나 된 듯
자기 꼬리에 대고 속도를 내라고
비늘 발광을 치는 거란 말이야

용감한 작은 대가리의 용사는 물론이고
몸을 사리며 따라오던 졸개들의 눈에도
허리 꺾인 망우리봉이
봉 없는 망우리봉이
망지기 없는 망우리봉이
허연 광목의 비수 같던 깃발도 없는 망우리봉이
처연한 모습을 드러내더란 말이야

망우리봉의 망지기는
도직나루에서 한나루까지
연해볼에서 보이는 수평선이 아니라
한 발자국 위로 올라가면
십 리는 더 멀리
천 발자국 봉우리에 올라
수평선을 늘이면서도
그 먼 거리와
보이는 데까지는 한이 없어 보이는
그 넓은 보이는 바다는 물론

겉을 보고도
한 길 두 길 열 길 물속도
꿰뚫어 보는 영험한 눈을 가졌지

그래서 우리 같이 작은 멸치가
가장 손쉬운 상대라지 아마
물속일도 훤히 꿰고 있어서이기도 하지만
하도 작아서 눈치 채지 못할 거라는
작은 대가리 속을 꿰고 있는 거야
얼마나 쉽고 거저먹기겠어
산위에서 고기를 잡는다?
고기는 어디에서 잡냐고 물으면
바다가 정답이 아닐 수도 있음을
우리는 그렇게 정하자
우리 대가리 정말 좋다 그지

망지기는 그저 체험이 많을 뿐
영험하지는 않아

영험까지 추켜세운 건 바로 우리야
망지기가 저기 도직에서 노봉나루로
떼 지어 몰려간다
깃발로 지시를 하면
그물을 치고 가는 길을 막아서면
모조리 잡히는 거지 뭐
방향을 틀다가는
손바닥으로 바닷물을 내리쳐도
놀라서 모는 대로 가는 대가리 때문이지 뭐
다행히 벗어났다가도
돌팔매질에 놀라 홱 돌아서서
부르면 뛰어와서 알아서 조아리는 꼴 아니겠어?
작년에 못 돌아온 친구들은
민물이 바닷물인 줄 잘못 안 것도 있지만
쫓기면 돌아갈 줄도 알아야 하는데
그저 모는 대로 도망치다가
물이 아닌 불에 얹히고 마는
습관 때문이었어

낚시도 그물도 아닌
육지로 몰아 잡는 후리야 말로
물 반 고기 반이 아니면
가능키나 했겠어?
며칠만이라도 날이 좋으면
잘 말려서 두고두고 먹고
농촌으로 가서 보리쌀과 바꿀 수도 있었는데
날이 구질구질하거나 비라도 내리면
젓갈로 내야하는데
아니 잠깐만
다른 데는 삶아서 말려서 팔잖아
그게 말이야
이 동네는 그저 젓갈이 아니면
날로 거래 했어
회로도 먹었는데
멸치는 선도가 금방가기 때문에
버려지거나 똥값에 팔렸어

지금 우리가 누굴 걱정하는 거야
그래서 깨달은 게 많은 멸치를 먹으면
머리가 좋아진다 그러잖아

요즘 망우리봉이 없어지고부터는
방귀 소리가 들리지 않는데
냄새도 나지 않고
무슨 말이야
방귀 냄새가 나야 하나

멸치랑 보리쌀을 바꾸러
아낙네가 머리 위에는 멸치 함지를
젖먹이는 등에 업고
시골로 간단 말이야
떼어놓으려고 갖은 애를 써도
치맛단을 잡고 질질 코흘리개는 따라오고
느린 걸음이 오뉴월 머리에 얹혀 있다고 생각해 봐

다 늦은 저녁에
사내들이 목을 늘이고 기다리고 있지
고봉으로 뚝딱 해치우고
얼마 만에 곡기를 대하는 건지
이빨 사이에 낀 것도 아까워
젓가락으로 파내 먹는단 말이야

할아버지가 며느리에게 말을 건네는 거야
아가 많이 속았다
속다니?
수고했다는 뜻이야
그러면서 꺼억 트림을 하는데
며느리는 대답 대신 웃지
왜 웃어 예의 없게
할아버지가 방귀 소리를 감추려고 그러는 줄
알고 있었으니까
할아버지가 먼저 꺼억 붕 뀌면
차례를 기다렸던 아들이 붕붕

며느리도 돌아 웃으며 피식
새끼들은 돌아가며 빠바방
음악이었지
냄새는 향기였고

그런데 묻질 않네
망우리봉이 어째 허리가 꺾였는지 궁금치 않나
시멘트를 만드는데 진흙이 들어간대
좋은 진흙을 찾다가 보니
망우리봉이 괜찮거든
그래도 봉우리를 어떻게 몽땅 가져가나?
그러니까 진흙도 진흙이지만
동네 사람들이 좋았거든
석두천 참 이름이 어울려
봉우리를 없애니까 물도 마를 것 아니야
수도꼭지를 집집마다 달아주었다지
불이 좋으니까
사람들이 몰려오잖아

드나드는 길을 시멘트로 발라주었다지
불도 다니기 좋으라고 콘크리트 칠갑을 했다지
봉우리를 깎아 섞어서는 말이야
이제는 새봉 쪽에만 겨우 흔적이 남아있는데
거기에 배 댄지도 오래 돼

6

날더러 용왕바위이라고 부르는데
나루는 흔적도 없고
처음 얘기와는 다르게 별별 이야기를
화자마다 지어내는데 어쨌든
이어져 전해지니 다행이다

옛날에 노부부가 노봉 나룻가에 살았는데
정분나게 살다가 갑자기 부인이
남편더러 좀 지겨워졌다면서
다른 데 좀 갔다 오면 하고 묻는 것이지
잠시라면 다녀오라고 했더니
가면 오지 못한다고 하니
들어줄 수도 없고
꼭 가야만 하겠냐며
애걸복걸 빌고 달래 보았지만
소용이 없는 거라

솔직한 심정을 듣고 보자니
하늘에서 죄를 짓고 인간 세상에 내려와
당신이랑 살았지만
죄 값을 다 치러
이제 다시 하늘로 올라가야겠다는 거지
죽을 때가 되어 별 소릴 다 하는구나
보내주지
갈 때 가더라도 있을 때까지는 잘 지내자
악착같이 매달렸다
죽을 때가 된 게 아니라
지금 가야겠다고 나서니
하늘에 대고 원망을 할 수밖에
이윽고 집을 나서는데
의심스런 데가 있어
누가 너를 불러냈구나
더러운 세상 가거라 암 보내고말고
뒤따르며 가 가
갑자기 하늘에서 천둥이 치고

번개와 함께 폭풍우가 몰아쳐
마을이 물바다가 되어버렸다지
그러더니 갑자기 노부부의 몸이 굳어
바위가 되었는데
노고 바위다

유혹한 자가 용왕이다
용왕은 부인으로 삼겠다고 홀렸고
언감생심 왕비라니
남몰래 따라갔더니
남몰래 수작만 부리고 버린지라
어디로도 가지 못하고
죄는 하늘이 알고 있으니
죄 값을 받은 노고 바위라지

용왕이 천둥과 번개와 비와 함께
왔다 간 곳이니
가물면 노고 바위 앞에서 기우제를 지낸다

황소가 아니 수송아지를 제물로 쓴다
수컷 구실을 하면 용왕이 곤란할 게라고
송아지를 잡아가지고
산 모가지를 베어
바위를 피범벅으로 만드는데
용왕이 피를 뒤집어쓰고 있을 수 없으니
비를 내려 제 얼굴을 씻는다고
그 짓을 한다
고기는 저희들끼리 나눠 먹으면서도
송아지 통째로 용왕에게 바친다고 한다
받아본 적도 없다
거짓말이다
개를 잡아 제물로 썼다
송아지를 잡을 여력이 어디 있었겠냐?
때려잡아서
그을리며 피를 내어서는
칠하였다 개피를
도무지 용서할 수 없어

성미를 보인 건데
감사합니다 비를 내려주셨습니다
이름은 용왕이라 붙여놓고
아주 인간들이 데리고 논다 놀아

요즘은 아이들에게 교훈이 되는 얘기란다
거기서는 나는 용왕도 아니다
마상천이 범람을 하면
노고 바위 옆으로 흐르던 물이
물길을 바꿔
노고 바위 사이로 흐른다
할머니 바위 할아버지 바위 사이로
실제로 그런 적이 있단다
사실적이니까 얼마나 효과적일까
용왕이 비를 보낸 게 아니라
비가 용왕의 노염을 예고하는 거란다
이쯤 되면 인간들이 용왕과 맞먹는 거다
그러니까 용왕은 저희들과 동격 이상이 될 수 없다

그러고 나면 멀지 않아
마을에 큰 변고가 반드시 생겼단다
폭풍우가 몰아닥친 다음에야
반드시 피해가 있는 것인데
무슨 변고란 말인가
개가 송아지를 물어 죽이고
송아지가 강아지를 밟아버리고
강아지 어미가 어미 소와 생사를 걸고 다투고
황소 뿔에 받힌 개는
인간들이 차지하기 전에
개들이 먼저 물고 달아났다지
여기까지면 용왕을 두려워하는 정도일 텐데
급기야
살인 사건이 났다더라
그것도
강도가 들어서
도둑이 들어서 살인이 났다 하다가
아무 일도 아닌 걸 가지고 다투다가

술 한 잔 먹고 실수로
거기서 멈추지 않고
형이 동생을
동생이 미친 형을
자식이 부모를
부모가 같이 죽자고 그랬단다
아무리 교훈적이라도 그렇지
이런 이야기로 뭘 가르치겠다는 건가
부부가 헤어지는 일을 경계하기 위해서
짐승을 예로 들었다가
재미가 붙으니
사람이 사람을
부모와 자식까지 얽어매야
가르침이 되나
결국 용왕은 아주 몹쓸 놈이 된 거다
용왕에게 노부부의 외동딸이 잡혀가는데
딸을 구하려고 노부부가 달려들었는데
용왕이 도망가면서

돌이 되라 했다라지
그래서 노고 바위 앞 물속에 딸 바위가 있다지

며느리를 잡아가다가
노부부가 달려들어 빼앗으려다
하늘이 노해 바위가 되었다고도 하지
젊은 아들놈을 어딜 가고
늙은이가 덤볐을까
혹시 할멈이 질투가 나서
이래 막나가도 되나
어쨌든 다시는 오지 못하게 했더라지

용왕으로 받들다가
용왕을 친구로 동생으로 격하시켰다가
기어코 별 것도 아닌 것
몹쓸 작자로 치부되었다
다시 제압의 대상이 되었다
그래서 나루마다 방파제를 쌓았나 보다

아직 방파제가 없는
노봉 나루 옆 노고 바위 앞 바다
며느리 바위 주변을 빙빙 돌며 있다

7

이제야 대진 한나루로 왔구나
한나루는 나루 중에 제일 크니까 붙여졌겠지
노봉 노고 바위에서 어달 나루까지 영역도 넓고
나루다운 나루라 해서 한나루라 한 이유도 있지만
나루댁 이야기도 이유가 될 것 같아

형제봉 아래 만우에서 등곳길 삼십 리를 머리에 이고
터벅터벅 걸어서 초등학교를 다닌 아기가 있었대
여자 아이가 학교를 다닌다는 게
무척 어려웠던 시절에는
그런 처지에 있는 동네에 사는 여자 아이는
나이를 남보다 두어 살씩 건너 먹었대
어른들의 곱지 않은 시선을 피하기 위해
엉덩이에 조금 붙은 살도 근육으로 옮기고는
다람쥐 같이 잰 걸음으로 다니면서도
다람쥐가 볼을 오물거릴 때

생기는 우물을 무기로
오히려 어른들을 달랠 줄을 알았대
삼십 리는 아무리 두어 살씩 건너 먹었다 해도
멀고 먼 길이었대
다 참을 수 있었는데
느릅재에 다다르면
밤눈 어둔 아이에게
일찍 덤벼오는 어둠은 아니었대
겨울이면 더욱 그랬고
별빛도 없는
그림자도 없는 산이랑 나무에
밤눈이 내리면
길은 물론 하얀 눈도 보이지 않았대
새까만 산중에 내리는 밤눈을
정답게 맞으며 걸어본 사람도 있겠지만
쌓이는 눈 소리 말이야
얼마나 무서웠는지 말이야
형제봉 꼭대기에 사는

아가리 큰 호랑이가 꼬리를 물고 늘어지는
옛날 들은 이야기로 말이야

겨우겨우 집에 도착했더니
그 호랑이가 사람보다 귀한
송아지를 물어갔대
송아지를 물어갔는데
학교가 대수겠어
엄마는 졸업도 못한 아이에게
사람 물어가는 호랑이를 소개해 달라고
송아지가 물려간 며칠 되지도 않아
그랬다는 거야
메고 다니던 책 보따리를 면전에 내동댕이치고
잘 됐다
고맙다 호랑아 호랑아
소래기를 지르며 돌아다녔는데
갑자기 그때였다는 거야

이것저것 생각도 죽이고
손에 익은 같은 일만 하다 보니
엉덩이가 먼저 서너 살을 먹더라는 거야
살을 찌웠겠지
아이 스스로 그런 게 아니라
어른들이 말이야
호랑이가 잡아간 송아지가
시커먼 호랑이에게 끌려 들어오고부터
물어보지도 않고 착착 진행 했다지
지긋지긋한 거름더미에서 벗어나
마냥 궁금한 짭조름한 갯내가 무척 기대도 되더래
만우댁이 된 거지

처음에는 장가를 잘 들었다고
여기저기에서 칭찬을 들으니
덩달아 얼마나 신랑이 귀히 하는지
고마워서 이렇게 고마울 수가 그러면서
매일 꿇은 무릎으로 쳐다보더래

갯가 사람들은 본 적도 들은 적도 없는
사실은 어떻게 해 먹는지 몰라서
미역국에 된장을 풀고
대가리 째 꽁치 넣고 끓여 냈대
이 동네에서 이런 음식은 처음이라며
세상에서 가장 먼저 만든 요리사라며
소문을 늘려주니
자신이 생기더라지
매일 그렇게 해주는데도
얼마나 맛나게 먹어주는지 미치겠더래
그러고는 맛나다 맛나다
울타리 밖에서도 들리도록 부끄럽게 하더래
그만 긴장을 된장처럼 풀어 놓은 거야
언제까지 그럴 것 같더니
쑤욱 살림 밑천을 낳고 나니
처음에는 날이 갈수록 더 살갑게 대하더니
얼마 지나지 않아
꽁치 대가리를 어디다 처넣는 거라지

대가리를 자르고 다시 올렸는데도
이게 사람 먹으라는 거냐
송아지가 아깝다
송아지나 갖다 멕여라
그러더니 맛 난 건 금방 물리는 걸 알고 나선지
쉬 물리길 기대하면서 다른 년을 찾아 나다니기 시작하
더래
물리면 또 다른 데로 찾아 나서고
손가락 말고는 꼭꼭 감추기 바빴던
시커멓게 그은 몸통 째
내놓고 다닌 것도 잠시
모르긴 몰라도 값을 매기긴 매겼는지 몰라

원죄를 안고 태어났구나
말려서 될 일이 아니구나
세상에 세상에 한탄하며
이래 꼭 살아야 하나
포기를 하려는데

그래 일찍 왔구나
오히려 일찍 찾아와서 잘되었다
그렇게 생각한
그때였다는 거야

몸만 빼어 나왔대
매동(梅洞)에는 매화가 별로 없더래
그래서 매화를 가꾸기보다는
낭자한 매화를 억지로 우겨대지는 않을까
걱정되더래
나루댁을 상호로 다니 나루댁이 되었대
어떤 안주를 내어놓고
어떤 모습으로 있어주면
굶어 죽지는 않을까 고민했대
고민이 별로 도움이 되지 않는 데야 별수 있었겠어
기본으로 된장을 걸게 푼 미역국을 내어놓기로 하고
초등학교 때 배운 글 솜씨로
'빵게', '문어 내장'이라고 신문지에 써

벽에다가도 붙이고
밖에서도 볼 수 있도록
창문에도 붙이고 밖에다가도 내걸었다지

눈을 흘기며
소주 한잔 먹고 난 후를
기대하라는 식으로 나오는데
느릅재 어둔 길은
한나루 골방에서 혼자 뜬눈으로 지새던 건
무서운 것도 아니더래
굴뚝같은 본전은
처음부터 소유할 수 없었다는 걸
뼈저리게 느꼈다지
옆에 쪼그리고 앉아서 잔을 치면서
설명을 하라는 거지

빵게는
다른 게와는 달리

자기 알을 품지 못하고
다른 물고기가 제 배에다 산란을 한답니다
쌍 것, 흐흐흐 누구 얘기야
참아가며
그것들이 바다를 메우게 하기 위해
누구도 잡아서는 안 된답니다
누가 그래
먹어서도 안 된답니다
그럼 왜 내났어

속으로 욕을 해가며 이어 갔대
그래서 자신마저 속이면서도
세상에 대고는
고렇게 말짱한 인간들이
타자에게는
그렇게 가혹하게 대하는 죄가
먹어서도 안 되는 죄입니다
잡년이라고 부르는 사람도

아주 많다 그럽디다

술상이 날아갈 수밖에
돈도 못 받고
흘린 눈물로 행주를 적셔
술판을 정리하는 동안
저쪽에서 안 됐다고 불렀다지

문어 내장은 언제부터 먹었소
머뭇거리니까
안 그럴 테니까 얘기해 봐
그래 한잔 하고 쭈욱
문어 내장은
똥같이 생겨서
옛날에는 먹기는커녕
버릴 데가 없어 귀찮아했습니다
그런 걸 지금 우리에게 먹으라는 거야
그만 말씀 드릴까요

계속해 한잔 쭈욱
술은 잘 하네
속이 문드러져 머리털도 나지 않지요
문어 내장
이것 또한
대부분 타자의 작심한 부도덕한 저의로
모양이 이 꼴이 되었답니다
알면서도 마음을 너무 뺏겨
애가 작살난 거지요
작살난 내장만 골라
난도질한 것이 옵니다
생긴 대로 논다는 거지요

매동 골바람이 함박눈을 조잘 내는 날
손들도 일찍 끊기고 해서
뜨겁고 차가움을 감지 못하게 된
벌겋게 언 손이 끄는 대로
맨발을 머리에 이고 밖으로 나섰다지

지상에 닿기 요렇게도 어려운 밤눈을 맞으며
나루 쪽으로 달려가기 시작했다지
자신의 이름을 밖으로 끌어내어
거꾸로 거꾸로 부르며
함께 뛰어갔다지
그 때였다지
굳이 나루까지 갈 까닭이 없더래

매동댁이 된 그분의 원래 이름은
"유자"라 그러더라

8

까막바위 나루는
서울서 온 사람이 서울횟집을 차리고부터
해체되기 시작했다
모래톱에 진흙을 옮겨와 터를 다지고
아래층은 횟집으로
위층은 여관을 차렸다
생전에 보지 못한 수족관을 설치하고
산고기를 가둬 두고
숨줄을 늘여가며
한 마리씩 건져 팔기 시작하니
신기하기도 했고
따라서 하고 싶어서들 안달이 났는데
서울횟집 주인은 재주도 좋아서
굉장히 어렵다는 정식 허가를 받은 것은 물론이고
수완도 여간 좋은 게 아니어서
죽은 고기 부스러기를

수채 구멍으로 마구 쏟아내도
끄떡은 커녕 유지라는 사람들이
오히려 줄을 이었다
나도 할 수 있겠지 하였으나
도무지 허가가 나지 않는지라
물어도 보고 재주도 나눠달라 애걸했지만
알려줄 리도 없고
안다고 해도 손 비비는 재주가 메주고
잡을 줄은 알아도 팔 줄 모르니
값도 모르고 대신 팔아달라고
조르는 수밖에 없었다
장사가 잘되는 걸 보아
터를 늘릴 걸로 예상했는데
터를 늘리면 한 번 더 떼를 써볼 요량도 했고
나루 귀퉁이 제주도서 원정 온 해녀들의
갯바위 뒤 탈의실이 걱정되었는데
후자 편이었는지 더는 늘리지 않았다
그러던 어느 날

횟집 주인이 경찰에 끌려갔고
없는 배경이 드러나자
불법 영업이 들통났다
관공서로 몰려가 우리도 횟집을 내어주라니
안 내줄 수 없게 되었고
몫이 서울횟집 보다는 못하나
어지간히 풍광이 좋은 자리는
몽땅 횟집으로 바뀌었다

해녀들 탈의실은 남았으니
굳이 아주 사라진 건 아니랄 수 있겠으나
벌금을 물고 나왔다면서
영업은 계속하는 거고
손님들이 해녀들 보는 재미로 모여드니
그대로라고는 할 수 없게 되었다
더욱이 한겨울 물질을 끝내고 뭍에 오르면
제일 먼저 하는 일이
해변으로 밀려와 푸석푸석 말라버린

해초들을 모아 불을 지피고
누가 보든 말든
부끄러운 가랑이를 벌리고
여린 거기를 데우는 것인데
말라비틀어진 해초나 다름없는
몇 올 머리카락이 삐져나왔기로서니
뚫어져라 눈을 까집고 쳐다보니
부끄러울 것도 없다지만
통통배 돛 뒤에서보다는 아닌 건 분명하다

가장 먼저 해체된 나루는 묵호진이다
일제 강점기 때
일본사람들이 무연탄을 가져가려고
근대식 항만을 만들면서 부터다
무연탄 산지인 태백지역에서
비교적 가까운 거리에
자연 조건이 가장 좋은 곳이 묵호진이었다
지명 작명자가 미래를 예견하여

강릉 금진을 택하려다
묵호진으로 변경했다고도 한다

까막바위 묵호 발한 향로봉 부곡나루가
조밀하게 그럼에도 나름대로의
정서를 간직하고 있었는데
한꺼번에 본 모습을 잃게 되었다

개항 전까지는 정어리가 주로 잡혔는데
개항 후에 갑자기
정어리 대신 오징어가 개락으로 잡히기 시작했다
오징어가 먹물을 갈겨대니
지상에는 먹물이 깔렸고
바람 불면 하늘은 온통 무연탄 가루가 날렸다
이름을 부친 이는
바다가 호수 같고
호수 중에 호수여서
세상에서 가장 선호하는 먹묵(墨)자를 택한 것인데

무연탄과 오징어 먹물
시커먼 쪽으로 비하되었다

축항 공사로 구천을 헤매게 된
백 척 키의 향로봉의 원혼 소리가 지금도 들린다

일본서 제일가는 토목기사 시오다가 왔다
저 못된 향로봉을 들어내지 않으면
부두를 만들 수 없어
웃기지 마라
무슨 수로 들어낸단 말이야
처음에는 비웃었다 그러지
착암기란 걸 처음 봤대
절벽 암석에 수백 개의 구멍을 뚫고
화약을 장전하고
도화선을 이어 놓고는
드디어 내일 파괴해 버릴 거라고
자신 있게 선포 했다지

이거 안 되겠구나
귀신이란 귀신은 모두 찾아가 방도를 물었대
다들 별 수가 없더란 말이지
그래서 찾아가서 밤을 새워 타일렀대
한 열흘만 연기해 주면
우리가 이사를 가겠소
무슨 귀신들이 이사를 가냐는 거지
향로봉이 기가 막혀서
당신들은 이사 가고
나는 뭐요
앞잡이나 도망치는 귀신이나 그게 그거지 아니겠어
이것들 보시오 이 귀신들아
산이 없어진다니까
동이 트기도 전에 모두 달아났대

발파할 시간이 되니
총독부 요직 인사와 회사 간부들은 그렇다 치고
지역 주민들도 꾸역꾸역 모여들었는데

하나 같이 구경이나 하자는 거더래
드디어 천지를 진동하는 소리와 함께
백 척 암석 절벽이 순식간에 무너지고
향로봉은 가루가 되었지
가루가 가라앉기도 전에
갑자기 먹구름이 몰려오고
비바람이 치면서 사방이 칠흑같이 어두워지더래
밤새도록 그칠 지를 모르더래
괴변이 일어나는 동안
시오다도 갑자기 사라졌는데
이튿날 비가 그치자
시오다를 찾아 발파 장소로 가보니
천 년 묵은 먹구렁이가 두 동강이가 되어
죽어있었고
그 옆에 시오다가 죽은 채 발견되었다는 거야
이후로도 공사 기간 내내
사고가 계속 발생했다지
그래서 굿 당을 세우고

몇 날 며칠을 굿을 하고 나니
사고가 나지 않았다고 해
굿을 했다고 사고를 더 이상 내지 않아
어느 귀신이 그랬는지 귀신도 아니야
당집을 마련해 줘서 고맙다는 거 아니야
그 당집을 나중에 헐어버렸대

외형이 해체되었으면 같이 없어져야 하는데
그대로 지속되는 건 또 뭐야
선주는 계속 선주고
선원은 죽으라고 일을 해도
어렵긴 마찬가지라는 거야
잘 먹고 빌어먹는 위치도 그대로라니
일본 놈들이 강화시킨 거야
허가 같은 걸로
선주에게는 계속 특혜를 주고
선원은 아무 것도 아니지 뭐
게다가 어장 있잖아

주인 없는 바다를 뚝 잘라서
이 속에 들어가는 고기는
몽땅 어장주인 거다
대를 물려도 괜찮다
농촌에 가면
요즘 지주와 소작인이
옛날처럼 그대로이나
공짜로 땅을 부쳐 먹어라 해도
안 부친다 하잖아
농촌은 계급이 없어졌어
그런데 목숨을 걸고 사는 어부들은
옛날 그대로는커녕
지금도 지속적으로 강화시켜 가고 있는데
대체 그게 누굴까

9

부곡과 해평 사이에는 오이지 나루가 있었어
여기는 농사도 짓고 고기도 잡고 그래
고기보다도 농사를 더 짓고
고기보다도 채취를 많이 했다고 봐야지
나루의 역할이 미미해서
특별한 기억이 많지 않은데
돈독이 오른 조개가
다른 조개들의 특별한 생리를
폭로하였던 것인데
들어 볼래

마을 한가운데를 가로질러 흐르는
실개천을 따라
저희들끼리만 살려고
무지하게 조밀히 식생한
미나리 습지가 늘 푸르고

안산의 경사 급한 밭떼기 끝에
오도카니 매달린 논배미의
정경으로 보면 되겠다
해변을 따라 난 철로는
구릉을 메워 설치한 까닭에
해풍을 줄여 주거나
퇴적물을 걸러 주기도 하지만
마을에서의 시야를 가리고
어차피 바다로 나갈 수 없는
기관차의 한계를 설정한 것으로 여겨지는 것이
인근 마을과의 소통은 누구에게나
다릿심에 달려있기에
참 고단함이 있겠다 여기면 되겠다

죽어라고 땅을 파헤치는 농사일이나
보이지도 않는 물속을 뒤지는 고기잡이가
그리 차이가 없을 듯도 한데
그도 그럴 것이

논 밭떼기 크기가 호구보다 작음에야
따질 일도 없을 듯한데
뱃일을 탐탁지 않게 여기는
경계로서의 기찻길 옆 동네로
보아도 좋겠다

육지에 발을 붙이고 사는 게
조금 안전할 뿐인데
뱃일을 하는 사람들보다
우월감을 갖고 있는 고전적인 사고가
아주 많이 남아 있는 곳이라 해도
틀리지 않다 보면 되겠다
도시 주변에 이제까지 옛 모습 그대로
남아있는
거의 남아 있지 않은 곳도 되겠다

치매가 걸린 어머니가
잊어버리지 않고 기억하는

이야기가 두 가지 있다
모든 걸 잊어버린 어머니가
어쩌면 고렇게 세세히 기억하는지
참으로 알 수 없는 일이었으나
지금은 분명해지는 것이
택지 개발로 마을이 없어진 이유일 거다

덜 여문 감자를 훔쳐 먹다
치도곤을 당한 뱃사람이 있었다
모깃불에 구워
편안케 해주었더니
검뎅이가 개울까지 흘러내렸다
아버지가 그렇게 아껴 먹던
막걸리 한 사발에
받은 사람이 하도 고마워하니
준 사람이 더 고맙더라지

또 하나는

어머니의 가슴을 어머니가 긁도록 한 일이다

교과서를 준비할 여력이 없어
빈 가방을 메고 다니던 아들은
책이 없는 시간은 빵소니를 쳤다
특히 음악 시간에는
실기 시험을 치는 날이었다
뱃노래를 부르라고 했는데
배운 적이 없으니
가만히 있을 수도 없고
에라 모르겠다
유행하던 대중가요 뱃노래를 불렀다
무지하게 혼이 났다
빈 가방에 매를 벌어 넣고 다닐 수는 있어도
피해갈 수는 없었다

아무도 몰래 배를 탔다
오징어잡이 배를 타고

울릉도를 지나 독도까지
원양 잡이를 나갔다
그때는 거기까지 조그만 똑딱선을
타고 나간다는 게
목숨을 걸어야 하는
아주 위험한 일이었다
집에 와서
몇 푼 벌어왔다고 자랑스레 내놓았다가
어머니의 가슴을 놋숟가락으로 후벼 판 게 된 거다

어머니에게 있어 제일 귀찮아했던 일이
근처에 흔하다 못해 지겹기까지 한 미나리를
손질하는 일이었다
된장에 무쳐 반찬으로 낼 때도 그랬지만
내다 팔 때는 이를 잡듯이
거머리를 떼어내는 일은 고역이었다
보이는 대로 집어내기도 하고
줄기를 갈라 꺼내기도 하지만

빠짐없이 구제했다는 확신이 서지 않으니
정말 징그러운 일이 아닐 수 없었다
끓는 물에 데쳐도
죽어서 그 속에서
자리보전을 하는 거다
갖은 방법과 지혜를 짜 봐도
마찬가지니
알면서도 대강대강 보이는 것만 떼어내고
된장에 무치거나
끓여낼 수밖에

그 징그러운 거머리가
자식이 속을 썩여
모든 걸 놓아버리고 싶을 때
그때 그렇게 해결이 되더란다

감자를 벗기다가 하도 기가 막혀
껍질을 벗기던 놋숟가락으로

가슴을 후벼 파다 내팽개쳐 버렸는데
그게 거머리가 기어 나오라고
미나리를 소금물에 담가 둔
양푼에 떨어졌다
이놈이
닳고 닳아 반쪽은 없어진
놋숟가락 쇠 맛을 견디지 못하더란다
잠깐 잊고 있는 사이
스멀스멀 죄다 기어 나오더란다
놋숟가락이 거머리를 구제하다니
평생을 몰랐으니
우스워서 웃었다 그러지

개울물은 철둑길 밑을 지나
해평 모래톱으로 스며든다
민물하고 섞이는 지점이어서
조무래기들이 늘 모여 논다
요놈들이 철둑 아랫길로 오고가면 좋겠는데

항상 깨금발로
철길을 아슬아슬 건너다니는 거다
대못을 철로에 얹어 놓고
기차가 지나가기를 기다린다
대못은 칼처럼 날카로워진다 ·
거머리처럼 질긴
악 다문 조개 아가리를 여는데 아주 유용하다
조막손에게도 꼼짝을 못하는
하나 같으나
모조리 무늬를 달리한 조개들이 널려 있다
서로 어울리니 그림이다

조개끼리 맞부닥뜨려 껍질을 깨고
살점을 꺼내 날로 먹는다
문제는 살점에 배긴 모래알이다
이게 미나리에 붙은 거머리 같아서
도무지 분리시킬 수가 없다

뙤약볕에 한나절을 구워대도
진땀 한 방울 흘리지 않는다
민물에 담가 놓으니 숨도 쉬지 않는다
어쩔 수 없이 불로 지지거나
끓여서 익혀 먹는다
맛이 덜하다
그래도 살점에 배긴 모래는
배긴 채 그대로이다
그래도 혀가 허기를 끌어내니
모래 채 씹어 삼킬 수밖에

아이들이 귀해지면서
모래톱도 관심에서 멀어지고 있다
마을의 모든 땅의 용도가 바뀌게 되자
모래톱의 이용가치를
높이려는지 떨어뜨리려는지 계산도 않고
방파제를 쌓았다
확실하지는 않지만

모래톱이 그래서 사라지는 것 같다
따라서 조개들도 사라졌다
어디로 갔을까
한 길 물속으로 들어갔나
따라 들어가 본다
모래는 한 톨도 없고
칼을 세운 바위들만 으르렁거리고 있다
바위가 무서워 다들 도망간 게 틀림없다
찾아야 한다

방파제가 물길을 막은
안쪽에 모여들 있다
횟집 수족관에도 널브러져 있다
잔물결도 놀러오지 않는 음침한 동네
부딪치고 견뎌내야 먹을 게 생기는 건데
세파도 드나들지 않는데
저희들끼리 혹시 뜯어먹고 사는 건 아닐까
그런데

누가 조개들의 호구에
무엇을 물어주어
저렇게 통통 살이 올랐을까

반쯤 모래 밖으로 대가리를 내밀고
뽀끔뽀끔 살던 모습과는 달리
횟집 취수구에 주둥이를 처박고 있다
취수구는 퇴수구도 된다
사체 쓰레기를 주워 먹고 있다

속내는 그대로인지
모조리 수거해서
민물에 담가 놓고
아가리를 벌릴 때까지 기다렸다
거머리도 쇠 맛을 알던데
아무데서나 아가리를 벌리는 꼴을 보니
그래
녹슨 동전을 던져 볼까

조개가 함부로 아가리를 벌리면
쇠 냄새에 이끌려
누구에게나 헤헤거리면
세상이 잘못된다
틀렸구나
살점 속에 숨겨둔
모래알까지 뱉어내고 마는 거라니

10

해연풍아 오래도 참아주었구나
이제 거의 다 됐다
어서 가자

하평에서 고불개 너머에 가세 나루가 있지
거리는 얼마 되지 않아
그런데도 가장자리에 있다고 가세라지
태백에서 무연탄을 실어나르는
기찻길이 나고부터
나루는 고립이 되었어

미역바위를 아는가 모르겠다
미역이 많이 붙어사는 바위를
미역바위라고 해
미역바위는 주인이 있어
실한 미역바위 몇 개만 갖고 있어도

떵떵거리고 살 수 있어
어장도 안정된 수입이 있어
농사라고 하지만
미역 채취 역시 바다 농사라고 하지
한꺼번에 채취를 하다 보니
모내기나 추수를 할 때처럼
품앗이로 서로 도와 미역을 말리지
가세 나루 사람들은 아직도 그래

가세 마을에는 미역바위 주인이 없어
다른 데는 거의 다 있는 걸로 알아
아무 미역바위에 가서 채취해도 되는 거지
능력껏 채취하니까
그게 서로 나누는 거지
참 드물어
이런 데는
그래서 시류에 영합하지 않아
가세라 그러는지도 몰라

가세는 나루도 그대로이고
사람도 그대로이고
풍습도 그대인 유일한 곳이야

지하 냉천이 한섬에서 뿜어져 나오니
가리비가 냉수욕을 즐기는
기막힌 광경을 보았는지
날치는 물위를 나르나
가리비는 물속을 비행하지
한껏 물을 가뒀다가
아가리를 쩍 벌리며 냅다 삼킨 물을 뱉어내며
날개도 없는 것이 활공을 한단 말이야
속에서 이루어지니 본 이도 적지
보이지 않는 것은
어둔 눈 때문이라고 하지만
감아도 보이는 꿈을 따져보면
분명히 보이지 않는 것도 있는 거야
물속으로 들어가 보면 될 거 아니야

숨을 못 쉰다고
숨을 참을 수 있는 동안만이라도
애를 써 봤는지
재주가 남다르면 좀 조용히 살아야 하는 건데
옷 벗고 목욕하는 게 왜 그리 요란스러워야 하는지
찜질방에서 배웠나 봐
가끔 아니 요즘은 상시로 더운 물이 올라오니까
요란을 떨며 그리 서두를 것도 없는데
냉천 하구로 몰려드니
눈에 띄게 되었어
열기를 식히고 나면
훨훨 다시 먼 데로 나간단 말이야
요걸 붙들어 놔야지 하고
방파제를 축조 했어
방파제를 넘어 들어올 가리비가 어디 있겠어
방파제 끝을 돌아들어오는
길을 찾을 수 있다면 몰라도
기다가 조금 난다고 해도 말이야

그걸 기대한 건 유리한 쪽으로만
끌어들이는 습관 때문이지
손쉽게 날로 먹으려다가
가늠도 되지 않는 한바다로 나가게 됐지

냉수욕에 길이 들어진 가리비가
길이 막혀 버리니 시름시름 앓게 된단 말이야
냉수를 퍼다 방파제 너머로 날라 주면 되겠지
그게 되겠어
종패를 길러 가둬 키우면 되지
될까
가리비 아파트를 지어주었지
아파트에 갇혀 살면 천적을 피할 수는 있어
그런데 냉수욕은 주야장창 계속하나
하고 나면 또 몸을 데워야지
견디다 견디다
스스로 모조리 목숨을 끊어버렸어
사는 게 그게 사는 거냐

방파제를 축조하면
어느 나루는 모래톱이 깎여나가는데
한섬 나루만 넓어지고 있어
해평 오이지 나루 모래가
한섬으로 간 게 아닐까
공부하는 사람들 아주 골치가 아파졌어
감추 나루는 나루 구실을 일찍부터 접었거든
뱃굼 주변은 메워졌는지
깊어졌는지 누구도 관심이 없고
고래가 흔할 때
고래굼에 고래가 들어앉아 있었다는데
거기도 메워졌는지
부쩍 는 돌고래 격 따는 소리가 들리기는 하는지

용정과 송정 나루는
철저히 그리고 완전히 파괴해 버려서
입이 있어도 말을 못할 지경이다

쓸모가 있었으면 마지막 남은
망재마저 들어내 버렸을 거다

송정 나루는 동해항이 되었다
기억을 더듬을 필요도 없이 최근의 일이다
방파제는 방파제대로 축조하고
방파제로 막을 수 없는 조류를 피하기 위해
육지를 파서 인공항을 만들었다
수천수만 년을 걸쳐 조금씩 조금씩
퇴적을 거듭하여 형성된 하구 수십만 평을
수십 길 깊이 파내고
바닷물을 끌어들였다
파낸 흙으로 용정 나루 주변 전체에
골고루 켜켜이 덮어버렸다
잔디를 심었더니 토양이 양질이라
한 길은 넘게 자라났더라
웃자란 잔디를 다듬지도 않고 버려둔 이유는
조용해지기를 기다린 거다

이윽고 골프장이 조성되었으니
세상에서 가장 슬픈 역사의 골프장이 되었다

11

해연풍아 업히거라
가면서 얘기하자

이제까지 사람의 바다였어도
사이좋게 지낼 만 하게 변해왔지 않느냐
어부들이 바다를 함부로 하지 않았다
잡이도 그리 잔인하지 않았다
도구도 솎아낼 정도였다
날로 먹거나
모양대로 익혀 먹었지
소금이나 얹어 간을 맞췄지
혀끝이 동하라고
얼마나 살벌한 요리법이 창조되는지 알지
그러고도 바다는 감성의 바다로 남아있다

바다의 바다를 생각해 보자

도대체 바다는 우리에게 무언가
아니 바다 그 자체는 무언가
바다는 어떻게 생존하며
구체적 구조는 어떤 모양일까
보이는 바다
보이지 않는 바다
들리는 파도 소리
들리지 않는 심해의 울림

경계의 바다는 나루이다
바다와 육지의 경계
바다와 삶과의 경계
생물과 무생물이 혼재한 경계
본질로서의 경계
존재의 경계
살이의 경계
상생의 경계

그냥 나열해 본다
이제부터가 진짜 시작이다
다시는 이런 일들이
기억으로도 남지 않아야 한다
부탁이다

해양시의 신지평
-류재만 시의 관성과 개성

남 기 택
(문학평론가, 강원대 교수)

1.

류재만 시의 개성은 무엇보다도 바다를 소재로 하는 이른바 해양시의 범주를 지속적으로 시도하고 있다는 점일 것이다. 이는 첫 시집 『어달리 바다』(1999)로부터 『해비늘 벗기기』(2002), 『파도를 재우다』(2006)를 관류하는 일관된 특징이기도 하다. 강원영동지역에서 태어나 고향에서의 삶을 지금까지 산 시인으로서 그 지역의 풍물을 소재로 한 시적 경향은 어쩌면 당연한 귀결일 수도 있다.

그러나 류재만 시의 특징이 풍물을 다루는 지역 정서

의 발로라고만 단순히 정리될 수는 없겠다. 해양시의 양상이라는 언명 속에는 여러 겹의 문학적 지향과 갈래가 함의된다. 특히 강원지역문학장이라는 구조적 틀 속에 존재하는 것이 그의 시라는 사실은 '류재만 식 해양시'의 중층성이 발현되는 배경이 된다.

이 글에서는 류재만의 장시 「나루」를 읽어나갈 터인데, 그 방식은 위와 같은 명제를 성립시키는 계기들을 작품 속에서 확인하는 과정이기도 하다. 단형 서정의 운명을 넘어서는 긴 호흡, 다양한 의미를 산파하는 화행적 언술 구조, 구체적인 지역성의 체현 등은 주요한 요소들일 것이다.

처녀시집 『어달리 바다』에는 바다를 위시하여 일상적 삶의 경험과 풍경을 소재로 한 작품들이 다수 분포되어 있다. 그 중에서도 단형 서정의 구조적 완결성을 지닌 시편들은 바다를 직간접적으로 다루는 경우에 집중된다.

부딪혀 멍드는 소리는
은모래 속에 스며있고
짠내로 풍기고 살다 간 비린내는
요동치는 연두빛이 곱게 걸러 안고 있다
덜 부서져 퍼런 예각은
시선들을 피하는 듯 묘하게 저만치 떠있고
잔물결에도 밀리는 작은 배 바퀴,

작금에는 장난삼아
너나 없이 건졌다가 버리는
가는 숨줄, 어렵게 거두어 나누지만
해일로 달아난 누이 되돌아와
섬돌에 하얀 신 가지런히 놓아둔 채
수평선 너머에로 고개 숙이고
깊디깊은 주름털로 뭍삶 먼지 털어주고
해비늘로 단장시키면
보이는 데까지는 한이 없어 하는 곳

-「어달리」 전문(『어달리 바다』)

이 작품은 정제된 어조로 동해시 어달리의 삶과 역사가 배인 풍경을 묘사한다. 나아가 화자는 어달리를 통해 지역의 실정성을 상징하고 있으며, 이때 드러나기 쉬운 과잉된 감정을 긴장된 표현과 조직으로써 적절히 통어하고 있다. 그리하여 「어달리」는 바다에 대한 천착이 장소애, 이른바 토포필리아(topophilia)를 실현하는 시인의 시작 방향을 전조하게 된다. 심상대의 「묵호를 아는가」는 바로 이 지역의 삶이 지니는 애증 혹은 양가성을 구체적 체험에 바탕하여 기록한 서사물로 잘 알려져 있다. 「어달리」는 이에 비견되는 시적 형상이라 할 만하다.

2.

류재만 시의 중층성을 이루는 핵심적 요소는 이와 같이 바다와 관계된다. 「나루」를 비롯하여 많은 작품들이 바다를 소재로 하고 있다. 한편 「곧망할집」(《동안》 3호, 2009)과 같은 작품은 동해 묵호동의 "망할 놈의 대폿집 이름"에 담긴 삶의 질곡을 '대기대기(기대기대)'로 개명하기까지의 사연을 통해 담아내고 있다. 이 과정에는 화자와 대상이 의도적으로 교차되기도 한다. 관찰자인 화자는 여주인, 상호, 비루한 삶, 반전, 개명 등의 대상을 객관적 태도로 묘사하지만 그 과정에는 아내와 남편으로 전이된 순간이 중첩되고 있는 것이다. 이 역시 지역에 천착된 시인의 삶과 시간을 충분히 예증한다.

또한 "곧망할집"의 운명을 "해풍에 긁힌 자국"으로 상징하거나 그 고통이 "육지 멀미가 더 괴로운 동지"로부터 기인하는 맥락, 또한 주점 내외의 운명이 "살기등등한 회칼"로 인해 "들어설 것 같지 않던/ 울렁임"의 발견으로 반전되는 과정 등이 모두 '바다'와 관계된다. 이를 통해서도 류재만 시의 대상에 있어서 바다의 장소성은 남다른 의미를 지님을 확인할 수 있다.

자다가 깨니 문득

한 번도 물마중을 않은 게 새벽 수욕을 거둔다
어판장의 기대가 저만치 다가올 즈음
입내를 좀 줄이겠다 생각한 찝찔한 갯내가
졸고 졸아 엉겨 붙은
신산한 건물들로 하여
화려한 재기를 꾸밀 음모로 스멀스멀 피어오른다

-「몸 없는 몸」 부분(《시평》 2005년 겨울호)

위 작품은 단형 서정에 기초하는 류재만 시의 구성 방식을 드러낸다. 류재만의 시적 운산은 대상의 직설적 언급을 피해 간다. "찝찔한 갯내가/ 졸고 졸아 엉겨 붙은/ 신산한 건물들"은 원인 모를 불안과 삶의 회한을 환기한다. 표제 '몸 없는 몸'의 실체 역시 묘연하기만 하다. 이는 그대로 '기관 없는 신체'의 이미지와 연동되어 다양한 신체의 시선이 단일한 시적 언술에 담긴다.

이 과정에는 시적 비약 및 극단적 비문마저 발견되기도 한다. 이러한 경향 역시 류재만 시의 한 특징으로 반복된다. 이는 의도적 장치일 수도 있고 무의식적으로 드러나는 수사적 결여 혹은 매너리즘일 수 있다. 주목할 점은 동일성의 장르로부터 출발하는 근대시의 속성을 류재만 시의 수사가 의도적으로 벗어나고 있다는 점이다. 이와 같이 '몸 없는 몸'의 실체는 어떤 구체적 대상이라기보다 단일한 시선으로부터 산파되는 여러 겹의 신체이기도 하다. "음모가 새어나가지 않도록 창문을 넘어/ 누눅한 이불로 기어드니/ 몸은 누웠고/ 귀신은 발끝에서 종종댈 뿐"이라는 종연의 표현 역시 "화려한 재기를 꾸밀 음모"의 신체가 발끝에 머무는 유령의 존재와 더불어 '불안'이라는 하나의 의미망을 형성하고 있다.

「해비늘 벗기기」와 「파도를 재우다」는 각각 두 번째, 세 번째 시집의 표제가 되는 작품이다. 이들은 바다를 형상화하는 언어 구성이 단편 서사의 양식으로 본격화되는 경우에 해당된다. 이 작품들이 류재만 시세계에 놓인 지정학적 배치는 주요한 참고의 대상이 되어야 할 것이다. 더불어 류재만 시는 '공간'과 '지역'이 인간의 존재론적 장임에 주목한다. 공간은 명확한 뜻과 의미를 획득함에 따라 장소로 전환되는바 장소의 가치를 실현하는 것은 '인간관계의 친밀함'이다.(이-푸 투안, 「공간과 장소」) 류재만 시의 '바다'는 이러한 장소성과 관계를 함의하고 있다.

바다에서 바다를 보면
육지에서의 바다가 아니다
무엇보다 자리가 먼저 울렁이니까
바다를 등지고 육지를 본다
눈부신 육지에서

반사각에 똑바로 눈맞추고
둔중한 비늘 하나 건지는 이 있다
그가 지금
해비늘에 얹혀
육지를 보고 있다

-「해비늘 벗기기」 부분(『해비늘 벗기기』)

「해비늘 벗기기」는 바다를 향하는 농익은 시선이 빚어내는 한 편의 회화와도 같다. 특히 1-6연에 이르는 '해비늘'에 관한 묘사가 탁월한데, 빛에 반사되는 해수면에 투사된 서정이 남다른 감각을 형성하고 있다. 그것은 단순히 바다의 절경에 대한 묘사가 아닌, 일각마다 달리하는 해비늘의 양태에 관한 보고인 까닭에 특수한 의미를 지닌다.

종연에 해당되는 위 부분은 바다에 대한 관조가 지닌 시선의 중층성을 보여준다. "바다에서 바다를 보면/ 육지에서의 바다가 아니"라거나 "해비늘에 얹혀/ 육지를 보고 있"는 시선의 발견 등이 그것이다. 이를 통해 바다는 대상화된 타자로서의 의미가 아닌, 시선의 주체로서 존재하게 된다. '해비늘을 벗기는' 행위는 그것에 의해 시선 자체를 대상화하는 감각적 전이의 과정이기도 한 것이다. 이처럼 바다는 동일자의 시선으로부터 묘사되는 객체로서의 풍경일 뿐만 아니라 주체의 시선 자체를 회의하거나 객관화하는 물성의 존재로서 작동하고 있다. 이 같은 바다의 구성 방식은 통념의 해양시와는 사뭇 다른 류재만 시의 개성이라 하겠다.

그물을 걷어야겠다
멀쩡한 날씨에 왜 그러세요
외번개가 쳤어
곧 북새가 몰아닥치고
너울도 보통이 아닐 게야
서둘러라
왜 그리 굼뜨냐
썰물에 너무 밀려 왔어
벌써 새바다가 어두워지고 있어
안 되겠다
저 쪽 배가 더 급하다
배를 붙이 테니 건너가서 도와줘라
우리 기관이 좋기는 하다만
여유가 없으니 늦잡지 마라

어떻게 된 거냐
혼자 당겨도 벌써 끝냈겠다
다 끌어올렸으면 빨리 건너 와
너는 뭐 하러 왔어
우리는 우리가 알아서 할 테니

너희는 빨리 들어가
그럼 한 사람만 건너와
너울 너머 육지가 보일 때
얼른 배질 해
어장 그물 조심하고
포구에 들어갈 때 너울을 잘 재워야 돼

-「파도를 재우다」 부분(『파도를 재우다』)

이 작품 역시 장시의 구조를 취하는데 여기에는 구체적 행위와 발화가 시적 서사를 이끌어 이른바 단형 서사의 양식을 실질적으로 체현하고 있다. 중심 사건은 인용된 바와 같이 악화된 기상으로 바다와 사투를 벌이는 뱃사람들의 이야기이다. 이 작품은 "가요/ 간다/ 가요/ 가고 있다/ 거품이 밀어내고 있다/ 거품이 되고 말 것 같아요/ 거품이 되고 싶진 않다만/ 거품 같구나/ 세워요 세워요/ 가야지/ 부두에 부딪치겠어요/ 거품은/ 부딪쳐도 거품이 아니겠냐"로 마무리된다. 선장과 선원 사이에서 교차 반복되어 온 발화는 종연에 이르러 마치 너울을 잠재우려는 자장가처럼 하나의 구상태(具象態)로 조직된다. 이는 사건 자체를 운율적 요소로 배치하는 양상이라 하겠다.

이들의 귀항이 무사했는지는 명시되지 않는다. "거품이 되고 말 것 같"은 예감과 "거품은/ 부딪쳐도 거품"일

수밖에 없다는 선언만이 전경화될 뿐이다. 내러티브가 지녀야 하는 개연성으로부터 벗어나는 이러한 장치로부터 주목되는 것은 이 작품의 시적 의미망이다. 종연의 구조는 대화의 연속 속에서 핍진한 바다의 삶을 현전하고 있다. 그렇게 볼 때 「파도를 재우다」는 구체적 뱃일을 기록하는 한 편의 노동요라는 의미를 지닌다. 이것은 류재만의 시적 서사가 시성(詩性)을 구현하는 방식일 수 있을 것이다.

3.

장시 「나루」는 해양시에 관한 류재만 시의 그간 과정을 집대성하는 작품으로 보인다. 이 작품은 총 1,374행에 이르는 장편 서사시로서의 전체 내용은 11부로 나뉘어져 있다. 형식적 구성은 1부(5연:37행), 2부(3:42), 3부(6:92), 4부(9:164), 5부(15:186), 6부(7:140), 7부(14:191), 8부(9:166), 9부(19:203), 10부(9:118), 11부(5:35) 등과 같다. 중심 화소는 동해지역의 주봉 '초록봉'이 '해연풍'에게 길을 안내하며 인근 지역과 나루의 역사를 소개한다는 내용이다. 1부에서 한나루에 사는 해연풍은 해무와 어울리다가 초록봉에 닿는다. 2부에서 초록봉은 해연풍에게 "가는 길은 아주 여러 갈래"로서 "갈래길 하나하나 가는 길을 일러 줄 테니/ 골라서 가"도록 안내한다. 3부에서 "길을 다 일러"주려는 초록봉의 의지는 곧 이 작품의 의도가 된다. 여기서 망라된 각 갈래의 골짜기와 나루들은 4부에서 10부에 걸쳐 "나루마다 모양을 그려 보이"는 과정으로 펼쳐지고 있다. 이는 동해지역의 지리적 현실이자 역사적 사실을 구성한다.

까막바위 나루는
서울서 온 사람이 서울횟집을 차리고부터
해체되기 시작했다
모래톱에 진흙을 옮겨와 터를 다지고
아래층은 횟집으로
위층은 여관을 차렸다

(중략)

가장 먼저 해체된 나루는 묵호진이다
일제 강점기 때
일본사람들이 무연탄을 가져가려고
근대식 항만을 만들면서부터다
무연탄 산지인 태백지역에서
비교적 가까운 거리에
자연 조건이 가장 좋은 곳이 묵호진이었다
지명 작명자가 미래를 예견하여

강릉 금진을 택하려다
묵호진으로 변경했다고도 한다

까막바위 묵호 발한 향로봉 부곡나루가
조밀하게 그럼에도 나름대로의
정서를 간직하고 있었는데
한꺼번에 본 모습을 잃게 되었다

-「나루」 8부 부분

해연풍의 여정이기도 할 한나루에 이르는 길에는 각 마을과 나루에 관계된 신화와 전설, 역사와 사건 등이 배치되고 있다. 위에서는 무분별한 횟집 운영 등 물신주의에 의해 황폐화되는 까막바위 나루의 현실이 그려지는가 하면, 제국주의의 수탈정책이 가져온 묵호진과 부곡나루의 슬픈 역사를 형상화한다. 이처럼 「나루」는 시간과 사건을 관류하며 동해지역의 총체적 역사를 그리는 야심찬 시도라 하겠다.

오늘날에 있어 공간의 의미는 존재론적이라기보다는 실용적 가치로 전유되고 있다. 이는 사회의 미분화나 제국적 자본주의의 본격화와 더불어 나타나는 전지구적 현상이다. 한국사회의 기형적 구도와 문학장의 역학관계는 존재론적 공간의 의미를 세속화하는 주요 원인일 것이다. 위에 나타난 묵호진과 부곡나루의 모습은 제도화되는 현실적 공간의 운명을 그대로 드러내는 동시에 이에 맞서는 문학적 응전으로도 보인다.

해연풍아 업히거라
가면서 얘기하자

이제까지 사람의 바다였어도
사이좋게 지낼 만하게 변해왔지 않느냐
어부들이 바다를 함부로 하지 않았다
잡이도 그리 잔인하지 않았다
도구도 솎아낼 정도였다
날로 먹거나
모양대로 익혀 먹었지
소금이나 얹어 간을 맞췄지
혀끝이 동하라고
얼마나 살벌한 요리법이 창조되는지 알지
그러고도 바다는 감성의 바다로 남아있다

바다의 바다를 생각해 보자
도대체 바다는 우리에게 무언가
아니 바다 그 자체는 무언가
바다는 어떻게 생존하며
구체적 구조는 어떤 모양일까
보이는 바다
보이지 않는 바다

들리는 파도 소리
들리지 않는 심해의 울림

경계의 바다는 나루이다
바다와 육지의 경계
바다와 삶과의 경계
생물과 무생물이 혼재한 경계
본질로서의 경계
존재의 경계
살이의 경계
상생의 경계

그냥 나열해 본다
이제부터가 진짜 시작이다
다시는 이런 일들이
기억으로도 남지 않아야 한다
부탁이다

-「나루」 11부 전문

「나루」의 대미를 장식하는 인용 부분은 이 작품이 지닌 성과와 한계를 그대로 노정하고 있다. 위에 설명적 진술로 각인된 것처럼 이 작품은 동해지역의 삶과 역사를 나루, 즉 "경계의 바다"를 통해 집대성하려는 대서사의 기획으로 보인다. 시점을 달리하는 발화는 화행의 효과를

동반하면서 시적 의미의 다층성을 확보하기도 한다. 11부에 이르는 나루의 서사적 변주는 치밀한 고증과 채록 등으로 완성도 있는 서사시의 요소를 구비하고 있다.

그러나 지나친 진술과 설명은 시적 긴장을 떨어뜨리는 요인으로 작용하기도 한다. "본질로서의 경계/ 존재의 경계/ 살이의 경계/ 상생의 경계"는 그것이 지니는 추상성만큼이나 "그냥 나열해"서는 구체적 형상을 지니기 어렵다. 바다의 생명성을 위해하는 도구적 이성, 즉 "잡이도 그리 잔인하지 않았다"와 같은 인식소는 무의식적으로 반복되는 상투적 화소이기도 하다. 이에 대한 인식과 극복은 류재만 해양시의 남은 과제일 것이다.

4.

류재만 시의 수사적 곤란은 그의 산문을 통해서도 확인할 수 있다.

현실성보다도 감성에 의탁한 작품은 이제 그만 썼으면 한다. 그만 읽혀졌으면 한다.

치열한 삶을 육화시켜 내어놓아야 한다는 의무가 있다

고 볼 때 개인적으로 불만을 늘 제기해 왔고 독자에게 문제를 제기하지 못하고 있는 부분에 대하여 기회가 있을 때마다 "말 좀 합시다." 그래 왔다. 물론 바다가 추상적 사유를 부추기고 감성적이지 아니하다는 게 아니라 지나치게 그쪽으로 경도된 것에 대하여 그리고 바다의 본질이 결코 그것만이 아니며 세계의 일부 '따져보면 대부분임에도'를 포기한 것과 같다는 데 근본적인 문제가 있다는 것이다. 결과적으로 진정성과 사실성에도 의문을 가질 수밖에 없게 된다. 사실을 따져보지도 않은 진정성은 성립될 수 있을까.[1)]

인용문은 현단계 해양시의 감성적인 경향을 비판하며 "진정성과 사실성"을 강조하는 부분이다. 그런데 감상성의 비판에도 불구하고 이 글 자체에 작가 특유의 감성적 논조가 배태되어 있다. "진정성과 사실성"을 평가하는 기준은 소재나 사건의 구체성이 아니다. 더더욱 동일성의 세계관을 장르적 본성으로 지니는 것이 현대시의 운명임에도 "현실성보다도 감성에 의탁한 작품"을 포기하라는 주문은 난감하게 들린다. 문제는 감성 자체가 아니라 어떤 감성을 어떻게 표현하느냐에 있다.

---

1) 류재만, 「해양 시문학의 현실」, 《동안》 1호, 2007, 45쪽.

류재만 시의 경향은 분명 속류 리얼리즘의 양상을 벗어나고 있다. 한편 감성과 대비되는 현실성을 이항대립적으로 강조하는 이론적 모색은 거대담론의 유산일 것이다. 창작과 이론의 괴리는 그 자체로 모순적 지형을 이룬다. 류재만 시에서 발견되는 문법적 파격, 의도적인 중의성, 시어의 비경제성 등은 자칫 서툰 의장으로 읽히기도 한다.

그럼에도 불구하고 지역적 삶에 천착한 스케일 큰 포즈는 분명한 의미를 지닌다. 무엇보다도 류재만의 해양시는 리리시즘의 성향이 강한 지역문단의 아비투스(habitus)에 남다른 결을 부여하고 있다. 진정한 지역문학은 텍스트의 특수한 의미를 넘어 문학 일반의 보편적 가치를 형성한다. 류재만 시가 "존재의 경계"와 "상생의 경계"를 넘어 닿을 새로운 지평이 거기에 있다. 우리가 함께 기대하고 견인해야 할 길이기도 하다.

류재만 장편 해양시집

나루

2013년 8월 25일 인쇄
2013년 9월 6일 발행

지은이 | 류 재 만
펴낸이 | 강 경 호
인쇄 · 기획 | 도서출판 시와사람
등록 | 1994년 6월 10일 제 05-01-0155호
주소 | 광주시 동구 백서로 125번길 32-5(금동)
전화 | (062)224-5319
팩스 | (062)225-5319
E-mail | jcapoet@hanmail.net

ISBN978-89-5665-382-2 03810

값 10,000원

공급처 ■ 한국출판협동조합
경기도 파주시 탄현면 오금리 202번지
주문전화 (02)716-5616, 070-7119-1740